TRAITÉ
DE
L'ORTHOGRAPHE
DES
VERBES;

PAR V. A. BOULENGER.

A PARIS,

ANCELLE, libraire, rue de la Harpe, N° 58;
RORET, libraire, rue Hautefeuille, au coin
de celle du Battoir;
GARNIER, au Palais-Royal.

1831.

TRAITÉ

DE

L'ORTHOGRAPHE DES VERBES RÉGULIERS, IRRÉGULIERS ET DÉFECTUEUX,

POUR SERVIR DE SUPPLÉMENT

A TOUTES LES GRAMMAIRES,

PUBLIÉES JUSQU'A CE JOUR,

OUVRAGE QUI REND PRESQUE INUTILE LA PRATIQUE DES CONJUGAISONS;

PAR V. A. BOULENGER.

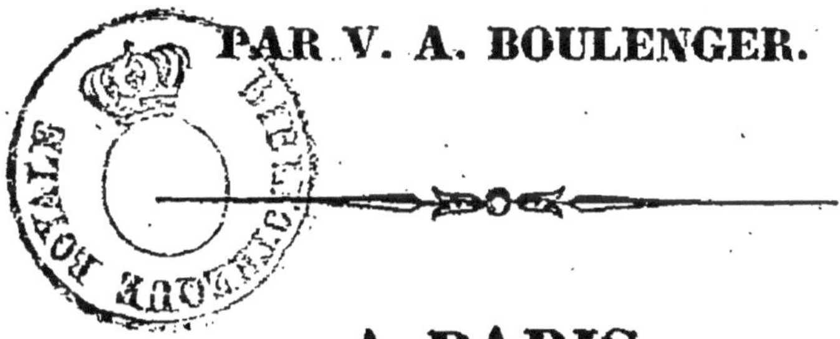

A PARIS,

ANCELLE, libraire, rue de la Harpe, N° 58;
RORET, libraire, rue Hautefeuille, au coin de celle du Battoir;
GARNIER, au Palais-Royal.

1831.

Prix de chaque exemplaire. . . » 50 cent.
La douzaine. 4 50

PRÉFACE.

Jusqu'à ce jour, l'enseignement de l'orthographe des verbes a été abandonné à la plus aveugle routine ; on se contente de faire apprendre laborieusement aux élèves quatre modèles de conjugaison sur lesquels on leur fait ensuite calquer une infinité de verbes, et l'on prolonge ce travail fastidieux jusqu'à ce qu'ils aient contracté une telle habitude d'écrire les terminaisons de chaque temps, que les lettres qui doivent composer ces terminaisons se présentent comme d'elles-mêmes sous leur plume. Une telle méthode n'est guère préférable à celle qui consisterait uniquement à faire copier pour enseigner l'orthographe générale; aussi fait-elle perdre un temps considérable, et arrive-t-il souvent que certains élèves qui, sans manquer totalement de dispositions, ont cependant peu d'aptitude à se former une routine, finissent par être rebutés de la lenteur excessive de leurs progrès, et par se décourager. Frappé de ces inconvéniens, je me suis appliqué à reconnaître si l'on ne pourrait pas soumettre à quelques règles générales les terminaisons des verbes qui, au premier aspect, paraissent n'avoir aucune analogie entre elles. J'ai réussi au-delà de mes espérances, car j'ai trouvé des règles simples, d'une application facile, et qui, de plus, ne présentent que très peu d'exceptions. Au moyen de ces règles, la routine des conjugaisons devient inutile, on peut se contenter de conjuguer trois ou quatre verbes de la première conjugaison, pour prendre une idée du mécanisme de cette espèce de mots, et pour faire les premières applications des règles I, II, III, IV, V, VI, VII, VIII.

Une partie du temps que l'on gagne par ce nouveau procédé pourra être consacré à l'étude des verbes irréguliers, et comme ce sujet important n'est traité que bien imparfaitement dans les grammaires les plus exactes, je me propose de faire succéder à cet opuscule un *Traité de la conjugaison des verbes réguliers, irréguliers et défectifs.*

TRAITÉ
DE L'ORTHOGRAPHE DES VERBES
RÉGULIERS, IRRÉGULIERS ET DÉFECTUEUX.

CHAPITRE Ier.

NOTIONS PRÉLIMINAIRES SUR LES VERBES.

Le verbe est un mot par lequel on attribue une action, *ou, pour parler plus généralement*, une manière d'être passagère.

Effectivement, les mots *travailler, chanter, dormir, partir*, qui sont des verbes, expriment chacun *une manière d'être*, puisqu'ils signifient *être travaillant, être chantant, être dormant, être partant*.

On reconnaît qu'un mot est un verbe, lorsqu'on peut lui donner une tournure analogue à celles qui précèdent, et cela sans altérer le sens de la phrase; par exemple, si l'on dit, *pendant que Pierre* DORT, *son chien* VEILLE, il est évident que les mots DORT et VEILLE sont des verbes, parce que l'on peut dire, *pendant que Pierre* EST DORMANT, *son chien* EST VEILLANT (1).

La personne, l'être, ou l'objet auquel le verbe attribue une action, une manière d'être, s'appelle *le sujet* du verbe; ainsi, dans la phrase précédente, *Pierre* est le sujet du verbe DORT, parce que c'est à lui qu'on attribue l'action de DORMIR; d'un autre côté, le sujet du verbe VEILLE est le substantif *chien*, parce que c'est à cet animal que l'on attribue l'action de VEILLER.

Il est essentiel pour l'orthographe, de savoir trouver d'une manière prompte et sûre le sujet du verbe qu'on veut écrire; on y parvient en mettant devant ce verbe l'interrogation, *qui est-ce qui?* ou bien, qu'est-ce qui? La réponse à cette question fait connaître le sujet : par exemple, dans cette phrase, *Pierre* CHANTE *et je l'*ÉCOUTE; demandez-vous d'abord *qui est-ce qui* CHANTE? vous aurez pour réponse, *c'est* PIERRE; le substantif *Pierre* est donc le sujet du verbe *chante*. Ensuite demandez-vous *qui est-ce qui* ÉCOUTE? — C'est *JE* ou MOI; le pronom *je* est donc le sujet du verbe *écoute*.

---

(1) Les personnes qui savent conjuguer, peuvent facilement reconnaître si un mot est réellement un verbe; pour cela, il leur suffit d'essayer si ce mot peut trouver place dans un temps quelconque des conjugaisons. Dans cette phrase, *les oiseaux* CHANTENT *à plein gosier*, il est évident que le mot CHANTENT est un verbe, puisque l'on peut dire *je chante*, *tu chantes*, *il chante*, *nous chantons*, *vous chantez*, *ils* CHANTENT.

Le plus souvent le sujet du verbe est exprimé dans la phrase, mais quelquefois il est sous-entendu; quand on commande à quelqu'un, on dit simplement, *fais cela;* si l'on se demande alors, *qui est-ce qui fera?* la réponse sera *c'est toi* (la personne à qui l'on s'adresse); en effet, c'est comme si l'on disait *toi, fais cela.*

Outre le sujet il existe encore un mot qui tient essentiellement au verbe, et qu'il est quelquefois nécessaire de connaître pour l'orthographe, c'est le *régime.* On le trouve en ajoutant au verbe l'interrogation *qui?* ou bien *quoi?* exemples, *j'aime mes semblables; je déteste le vice; il doit partir.* Demandez-vous, *j'aime... qui?* R. *mes semblables; semblables* est donc le régime du verbe *aime: je déteste... quoi?* R. le vice; le substantif *vice* est le régime du verbe *déteste;* enfin, *il doit... quoi?* R. *partir;* le verbe *partir* est le régime du verbe *doit.*

On rencontre quelquefois des verbes qui n'ont pas de *sujet,* mais ceux qui manquent de *régime* sont beaucoup plus fréquens; il est même des verbes qui ne peuvent jamais recevoir de *régime direct.*

CHAPITRE II.

DE LA TERMINAISON DES VERBES.

La manière d'écrire les subtantifs, les adjectifs et les pronoms, ne varie qu'en raison de leur genre et de leur nombre; en général ces mots prennent un *e* muet au féminin, et un *s* au pluriel. Dans les verbes, il n'en est plus de même, les terminaisons offrent un grand nombre de variations, et la manière de les écrire repose sur des principes totalement différens. D'abord, le genre n'a plus d'influence sur les lettres finales, on écrit également au masculin et au féminin, *les hommes chanteront, les femmes chanteront.* Ensuite, quoique le nombre produise une différence notable dans les terminaisons, cependant la lettre *s* n'est plus le signe caractéristique du pluriel; chaque nombre, suivant les circonstances, peut finir ou par cette lettre ou par une autre; ainsi, au singulier on écrit, *je chante, tu chantes;* au pluriel, *nous chantons, ils chanteront.* Enfin, il existe dans les verbes trois causes de variations, qui n'ont aucune influence sur les autres espèces de mots.

La première de ces variations dépend de la manière dont on veut attribuer l'action exprimée par le verbe ; la seconde, de l'époque à laquelle on veut rapporter l'attribution ; la troisième, de la personne à qui l'on veut attribuer.

1° Les différentes manières dont on veut attribuer au moyen des verbes, s'appellent MODES ; on en compte cinq en français.

Le premier est l'INDICATIF ; on l'emploie toutes les fois que l'on veut attribuer d'une manière positive et déterminée, exemple : *il chante.*

Le second est le CONDITIONNEL ; on s'en sert quand on désire n'attribuer que moyennant certaines conditions, ex. : *il chanterait s'il était plus gai.*

Le troisième mode est l'IMPÉRATIF ; on en fait usage lorsque l'on commande, ex. : *chant*E.

Le quatrième mode est le SUBJONCTIF ; on l'emploie dans certains cas, lorsqu'un verbe dépend d'un autre verbe, ex. : *je n'ai pas désiré qu'il chant*AT.

Enfin le cinquième et dernier mode est l'INFINITIF ; il n'attribue que d'une manière vague, indéterminée, et quelquefois il n'a pas de sujet, ex. : *il doit chant*ER.

2° L'époque à laquelle on veut rapporter l'attribution s'appelle *temps du verbe.* On reconnaît d'abord trois temps absolus, qui sont : le PRÉSENT, *il chante ;* le passé, que l'on appelle PRÉTÉRIT, et dont on a formé deux espèces, le PRÉTÉRIT DÉFINI, *il chant*A, le PRÉTÉRIT-*indéfini, il a chant*É, enfin le FUTUR, *il chante*RA.

Outre ces quatre temps absolus, on en a formé quatre autres qui sont relatifs, c'est-à-dire, qui marquent le rapport de temps entre deux verbes; ces temps sont : l'IMPARFAIT, qui exprime qu'une action était exécutée au même instant qu'une autre, dans un temps passé : *il chantAIT quand vous êtes entré*. Le PLUS-QUE-PARFAIT et le PRÉTÉRIT-ANTÉRIEUR, qui, dans différentes circonstances, expriment également que de deux actions passées, l'une a été exécutée avant l'autre; *il AVAIT chantÉ quand vous êtes entré, quand il EUT chantÉ on le complimenta.* Enfin, le FUTUR-ANTÉRIEUR, qui indique que de deux actions futures, l'une sera exécutée avant l'autre : *quand J'AURAI chantÉ, on m'applaudira.*

Parmi les cinq modes, il n'y a que l'INDICATIF qui ait reçu des terminaisons, des inflexions différentes pour chacun des huit temps précédens; les autres modes n'ont que ceux de ces temps qui sont le plus usités. Le CONDITIONNEL n'a que le *présent* et le *passé*. L'IMPÉRATIF n'a que le *présent*. Le SUBJONCTIF a le *présent*, qui sert également pour le *futur*, l'*imparfait*, le *prétérit* et le *plus-que-parfait*. Enfin, l'INFINITIF a le *présent*, le *passé* et le *futur*.

3° Les personnes à qui l'on peut attribuer l'action du verbe sont au nombre de trois. La première de ces personnes est celle qui parle; exemple : singulier, *je chantE*; pluriel, *nous chantONS*. La deuxième personne est celle à qui l'on parle ; ex. : sing., *tu chantes;* pluriel, *vous chant*EZ (1). La troisième personne est celle dont on parle, ex. : singulier, *il* ou *elle chant*E ; pluriel, *ils* ou *elles chant*ENT.

Tous les temps de l'INDICATIF, du CONDITIONNEL et du SUBJONCTIF ont des terminaisons particulières destinées à chacune de ces trois personnes; mais comme il n'est pas naturel d'adresser un commandement, ni à soi-même, ni aux personnes absentes, il en résulte que l'IMPÉRATIF, qui est le mode du commandement, n'a pas de première personne du singulier, ni de troisième personne tant du singlier que du pluriel. Quant à l'infinitif, comme il n'attribue que d'une manière vague, la diversité des personnes n'a aucune influence sur ses terminaisons.

On appelle *conjugaison* d'un verbe, un tableau dans lequel sont rangés, par ordre de modes, de temps et de personnes, toutes les modifications que peut subir la terminaison de ce verbe.

---

(1) On dit assez souvent *vous chantez* en parlant à une seule personne; on emploie cette tournure lorsque l'on n'est pas bien familier avec la personne à qui on s'adresse; on insinue par là qu'on désire l'honorer en la considérant comme équivalent elle seule à plusieurs autres. C'est ce qu'on appelle un pluriel par politesse.

CONJUGAISON DU VERBE CHANTER.

INDICATIF.

PRÉSENT.

Je chant*e*.	Nous chant*ons*.
Tu chant*es*.	Vous chant*ez*.
Il chant*e*.	Ils chant*ent*.

IMPARFAIT.

Je chant*ais*.	Nous chant*ions*.
Tu chant*ais*.	Vous chant*iez*.
Il chant*ait*.	Ils chant*aient*.

PRÉTÉRIT-DÉFINI.

Je chant*ai*.	Nous chant*âmes*.
Tu chant*as*.	Vous chant*âtes*.
Il chant*a*.	Ils chant*èrent*.

PRÉTÉRIT-INDÉFINI.

J'ai chant*é*.	Nous avons chant*é*.
Tu as chant*é*.	Vous avez chant*é*.
Il a chant*é*.	Ils ont chant*é*.

PRÉTÉRIT-ANTÉRIEUR.

J'eus chant*é*.	Nous eûmes chant*é*.
Tu eus chant*é*.	Vous eûtes chant*é*.
Il eut chant*é*.	Ils eurent chant*é*.

PLUS-QUE-PARFAIT.

J'avais chant*é*.	Nous avions chant*é*.
Tu avais chant*é*	Vous aviez chant*é*.
Il avait chant*é*.	Ils avaient chant*é*.

FUTUR.

Je chanter*ai*.	Nous chanter*ons*.
Tu chanter*as*.	Vous chanter*ez*.
Il chanter*a*.	Ils chanter*ont*.

FUTUR ANTÉRIEUR.

J'aurai chanté.
Tu auras chanté.
Il aura chanté.
Nous aurons chanté.
Vous aurez chanté.
Ils auront chanté.

CONDITIONNEL.

PRÉSENT.

Je chant*erais*.
Tu chant*erais*.
Il chant*erait*.
Nous chant*erions*.
Vous chant*eriez*.
Ils chant*eraient*.

PASSÉ.

J'aurais chanté.
Tu aurais chanté.
Il aurait chanté.
Nous aurions chanté.
Vous auriez chanté.
Ils auraient chanté.

IMPÉRATIF.

Chant*e*.
Chant*ons*.
Chant*ez*.

SUBJONCTIF.

PRÉSENT *ou* FUTUR.

Que je chant*e*.
Que tu chant*es*.
Qu'il chant*e*.
Que nous chant*ions*.
Que vous chant*iez*.
Qu'ils chant*ent*.

IMPARFAIT.

Que je chant*asse*.
Que tu chant*asses*.
Qu'ils chant*ât*.
Que nous chant*assions*.
Que vous chant*assiez*.
Qu'ils chant*assent*.

PRÉTÉRIT.

Que j'aie chanté.
Que tu aies chanté.
Qu'il ait chanté.
Que nous ayons chanté.
Que vous ayez chanté.
Qu'il aient chante.

PLUS-QUE-PARFAIT.

Que j'eusse chant*é*.	Que nous eussions chant*é*.
Que tu eusses chant*é*.	Que vous eussiez chant*é*.
Qu'il eut chant*é*.	Qu'ils eussent chant*é*.

INFINITIF.

Infinitif présent.	chant*er*.
Participe présent.	chant*ant*.
Participe passé.	chant*é*.

Sur cinq mille verbes environ que possède la langue française, on en compte au moins quatre mille qui reçoivent les mêmes terminaisons que le verbe *chant*ER, et dont, par conséquent, la conjugaison peut être calquée sur celle que l'on vient de voir. Ces verbes sont faciles à reconnaître, car ils ont tous leur infinitif terminé comme celui du verbe *chant*ER, c'est-à-dire, par les deux lettres ER, ex. : *cach*ER, *gag*ER, *jou*ER, *agré*ER, *hu*ER, etc. Pour obtenir tous les temps de l'un quelconque de ces verbes, il suffit de retrancher les deux dernières lettres ER de son infinitif, et d'y substituer les terminaisons qui, dans chaque temps du verbe *chant*ER, sont écrites en caractères inclinés. Ainsi, si l'on veut conjuguer le verbe *tomb*ER, on commence par retrancher sa terminaison ER, il ne reste plus alors que les quatre lettres *tomb* auxquelles on ajoute successivement toutes les terminaisons du verbe *chant*ER. Pour l'indicatif présent, ces terminaisons sont, au singulier, *e*, *es*, *e*, et au pluriel *ons*, *ez*, *ent*; on aura donc pour ce temps,

Je tomb*e*,	Tu tomb*es*,	Il tomb*e*,
Nous tomb*ons*,	Vous tomb*ez*,	Ils tomb*ent*.

On continuera de même pour les temps suivans.

Quant aux verbes qui n'ont pas leur infinitif terminé en ER, tels sont *lir*E, *fin*IR, *recev*OIR, croi*re*, rend*re*, etc., on trouve dans toutes les grammaires des modèles sur lesquels on peut le conjuguer (1).

---

(1) Quelqu'insuffisans que soient les trois derniers modèles de conjugaisons, je suis forcé d'y renvoyer jusqu'à ce que j'aie publié la nouvelle méthode de conjugaisons dont je m'occupe en ce moment.

CHAPITRE III.

DE L'ORTHOGRAPHE DES VERBES.

D'après ce qui précède, il est évident que chaque verbe que l'on veut écrire, quelle que soit, d'ailleurs, son inflexion, est composé de deux parties bien distinctes : la première comprend toutes les lettres qui ne changent jamais; on l'appelle *racine;* la seconde, que l'on nomme *terminaison*, embrasse toutes les lettres qui varient en raison des modes des temps et des personnes.

La manière d'écrire la *racine* des verbes ne s'apprend que par l'usage, et comme cette racine reste constamment la même pour tous les temps d'un même verbe, il suffit de connaître comment elle s'écrit dans l'un quelconque de ces temps : voilà pourquoi les dictionnaires français ne donnent que l'*infinitif présent* des verbes ; ce serait donc inutilement que l'on chercherait d'autres temps dans ces ouvrages.

Lorsque l'on veut connaître quel doit être l'infinitif d'un verbe, il suffit de mettre devant ce verbe l'expression *il peut :* par exemple, si, dans cette phrase, *il* PLEUVAIT *quand je suis* AR-

RIVÉ, on désire obtenir l'infinitif des verbes PLEUVAIT, ARRIVÉ, on dira *il peut* PLEUVOIR, *il peut* ARRIVER. Tous les infinitifs ont une des quatre terminaisons suivantes : ER, IR, OIR, RE; les lettres qui restent lorsqu'on a retranché la terminaison composent la *racine;* ainsi, les verbes *agré*ER, *fin*IR, *recev*OIR, *rend*RE, ont respectivement pour racine, *agré, fin, recev, rend.*

La manière d'écrire les terminaisons est indiquée dans les modèles des conjugaisons. En effet, si, dans la phrase suivante, *les hommes vertueux* HONORENT *la vieillesse*, on veut connaître l'orthographe du verbe *honorent*, il faut d'abord chercher son infinitif en disant, *on peut... honor*ER; de cet infinitif on conclut que le verbe se conjugue comme *chant*ER, et qu'il a pour racine *honor.* Ensuite, pour en venir à la terminaison, on considère que quand on dit, *les hommes* HONORENT, on attribue *l'action d'honorer* d'une *manière positive*, et dans un *temps présent*, le verbe est donc à l'*indicatif présent :* de plus, il est à la troisième personne du pluriel, car son sujet, *les hommes*, désigne plusieurs personnes dont on parle. Or, dans notre modèle (voy. p. 14), on trouve pour *l'indicatif présent*, 3e *personne du pluriel, ils chant*ENT; dont la terminaison est ENT; en l'ajoutant à la racine *honor*, on a *honor*ENT.

Pour n'être pas forcé de consulter à chaque instant les conjugaisons, il devient indispensable de se graver dans la mémoire la manière d'écrire chacune des terminaisons que les verbes peuvent recevoir. Au premier abord, cette tâche paraît assez difficile, car la plupart de ces terminaisons sont accompagnées de lettres muettes (1), qui, souvent, sont différentes alors que la prononciation reste la même ; c'est ainsi que les temps *je chantais*, *il chantait*, *ils chantaient* offrent la même prononciation, quoique la manière de les écrire soit différente. Cependant, lorsqu'on étudie attentivement les lettres finales des terminaisons, on reconnaît bientôt qu'elles se reproduisent presque toujours dans le même ordre à chaque temps et à chaque mode, et qu'elles ne varient qu'en raison des différentes personnes. En effet, si l'on examine, en premier lieu, toutes les troisièmes personnes du pluriel qui sont contenues dans la conjugaison du verbe *chanter*, c'est-à-dire toutes les inflexions de ce verbe qui sont précédées du pronom pluriel *ils*, on reconnaîtra qu'elles finissent constamment par les trois lettres *ont* ou bien *ent*.

Dès que l'on a fait cette remarque, on n'éprouve plus aucun embarras pour terminer les troisièmes personnes du pluriel, car ces personnes n'étant susceptibles de recevoir que deux terminaisons, le son indique celle que l'on doit

(1) J'appelle lettres muettes celles qui ne se font pas sentir dans la prononciation.

adopter. Par exemple, si, dans cette phrase, *les hommes chanteront*, vous entendez prononcer comme s'il y avait simplement *chanteron*, vous n'en mettrez pas moins un *t* à la fin, parce que vous savez, qu'étant à la troisième personne, ce verbe ne peut pas finir par *on*, mais bien par *ont*. De même si vous entendez dire tout simplement, *les hommes chanterai*, la prononciation ne permettant pas de terminer le verbe par *ont*, vous en conclurez qu'il doit finir par *ent*, et vous écrirez, *les hommes chanteraient*.

Ce que l'on vient de faire pour la troisième personne du pluriel, est également praticable pour toutes les autres personnes tant du pluriel que du singulier, et le résultat de ce travail produit des règles simples au moyen desquelles on parvient à écrire correctement tous les temps des verbes.

Les règles dont il est ici question ne peuvent s'appliquer qu'au temps des quatre premiers modes, car les temps de l'infinitif n'ont aucune analogie de terminaison avec ceux qui les précèdent, et d'ailleurs ils ne varient pas en raison des personnes; ils doivent donc être régis par des règles particulières. Au reste, ces temps, qui ne sont qu'au nombre de trois, sont très faciles à reconnaître au moyen des notions suivantes.

Tout verbe devant lequel on peut mettre *il faut*, est à l'infinitif présent.

2° Tout verbe terminé par *ant* est au participe présent.

3° Tout verbe devant lequel on peut mettre *il y a* ou *il est*, est au participe passé.

Pour distinguer ces deux espèces de temps, soumises à des règles différentes, j'appellerai *temps personnels* ceux des quatre premiers modes, et cela parce qu'ils subissent l'influence des personnes. Par opposition, les temps qui font partie de l'infinitif seront nommés *temps impersonnels.*

Une circonstance qui peut faire reconnaître les temps personnels, c'est qu'ils sont les seuls qui puissent être immédiatement précédés de l'un des pronoms personnels *je*, *tu*, *il*, *nous*, *vous*, *ils*. Ainsi dans l'exemple suivant : *Le roi*, CONSIDÉRANT *mes services*, *m'*A ACCORDÉ *la pension que je* MÉRITAIS, *et que cependant je ne m'*ATTENDAIS *pas à* OBTENIR *si promptement*. Les verbes *considérant*, *accordé*, *obtenir*, font partie des *temps impersonnels*; le premier étant terminé en *ant*, est au *participe présent*, le deuxième est au *participe passé*, parce que l'on peut dire, IL A *accordé*; le troisième est à l'infinitif, parce que l'on peut dire, IL PEUT *obtenir*. Quant aux verbes *a*, *méritais*, *attendais*, ils sont personnels car on peut dire, IL *a*. JE méritais, J'*attendais* (pour JE *attendais*.)

Observation. Le prétérit-indéfini, le prétérit antérieur, le plus-que-parfait et le futur-antérieur de l'indicatif; le conditionnel passé; le prétérit et le plus-que-parfait du subjonctif, sont formés de deux mots distincts qui doivent être considérés séparément dans l'orthographe. Le premier de ces deux mots est le seul qui puisse être immédiatement précédé d'un pronom personnel, c'est conséquemment le seul qui soit personnel et qui doive recevoir les finales propres aux personnes. Le second mot est impersonnel; c'est tout simplement le participe passé du verbe que l'on conjugue.

CHAPITRE IV.

RÈGLES POUR L'ORTHOGRAPHE DES VERBES (1).

§ 1er. *Des temps personnels.*

I. Le son final é (e fermé) s'écrit *ai* dans tous les verbes qui ont *je* pour sujet.

Exemple. Je chant*ai*, je finir*ai*, je *viendrai*.

II. Le son final è (e ouvert) s'écrit *ai* et toujours il est suivi d'une ou de plusieurs lettres muettes.

Exemple. Je chant*ais*, il chant*ait*, ils chant*aient*, je finir*ais*, il finir*ait*, ils finir*aient* (2).

Observation. Les anciens grammairiens écrivaient le son è final par les lettres *oi*, *je chantois*, il *chant*OIT, etc. ; quelques auteurs estimés suivent encore cette orthographe, cependant j'ai préféré la nouvelle méthode, parce qu'elle

(1) Ces règles ont été combinées de manière à embrasser tous les verbes français, quelque soit d'ailleurs leur irrégularité.

(2) Les verbes mettre et vêtir font, je mets, je vèts, mais les lettres qui les terminent ne doivent pas être considérées comme lettres finales puisqu'elles font partie de la racine.

est plus naturelle et surtout plus généralement adoptée.

Verbes à la première personne.

III. Tout verbe qui a pour sujet *je* ou *moi*, ne prend pas d's quand il finit par e (e muet) ou bien par les lettres ai, que l'on prononce é; pour toute autre finale il prend une s, sans en excepter la finale *ai* que l'on prononce è.

Exemple. Je chant*e*, que je finisse, je verr*ai*, je chantais, je reçois, je lus, je chanterais (1).

IV. Tout verbe qui a pour sujet *nous*, finit toujours par *s*.

Exemple. Nous chantons, nous chantâmes, etc.

Verbes à la seconde personne.

V. Tout verbe qui a pour sujet *tu* ou *toi*, finit par une *s*.

Exemple, Tu chante*s*, tu chanta*s*, tu fini*s*, etc. (2).

Exception. Quand le verbe est à l'impératif et qu'il finit par un e muet, il ne prend pas d's, (dans ce cas le sujet est *toi*).

---

(1) On écrit je sais quoique l'on prononce je sé; on écrit aussi je veux, je peux, je vaux.

(2) On écrit tu veux, tu peux, tu vaux.

VI. Tout verbe qui a pour sujet vous finit par EZ pour le son *é*, et par ES pour le son *e* (e muet).

Exemple. Vous chant*ez*, vous chantâtes, etc.

Verbes à la troisième personne.

VII. Tout verbe qui a pour sujet un substantif singulier, ou un pronom singulier autre que *je* ou *moi*, *tu* ou *toi*, ne prend pas de T quand il finit par e (e muet) ou par a. Il prend un T dans tous les autres cas.

Exemple. Il chant*e*, il chanta, il chantait, il reçut, il vient, etc.

EXCEPTIONS. 1° Tous les verbes qui ont l'infinitif en *dre*, si l'on en excepte cependant ceux en *indre* et en *soudre*, conservent le D de leur racine à la place du T au présent de l'indicatif.

Exemple. *Per*DRE, il *per*D ; *pren*DRE, il *pren*D, etc. Quant aux verbes en *indre* et en *soudre*, ils rentrent dans la règle générale, *cra*INDRE, il *crain*T ; *fe*INDRE, il *fein*T, *ré*SOUDRE, il *résou*T ; *ab*SOUDRE, il *absou*T.

2° A l'imparfait du subjonctif, la terminaison â prend un T, qu'il chantât.

VIII. Tout verbe qui a pour sujet un substantif pluriel ou un pronom pluriel, autre que *nous* et *vous*, finit par *ont* pour le son *on* et par *ent* pour tout autre son.

Exemple. *Ils chantent*, ils chanter*ont*, ils reçoiv*ent*.

Observation importante. Pour n'être jamais induit en erreur dans l'application des règles III et VII, il faut remarquer que les verbes qui ont leur *infinitif* en *er* sont toujours terminés par un e muet à la première et à la troisième personne du singulier de l'indicatif. Cette lettre essentielle est peu sensible dans certains verbes, mais il faut bien se garder de l'omettre. Ainsi on écrira *je prie*, *je joue*, *il agrée*, parce que ces verbes font à l'infinitif *pri*ER, *jou*ER, *agré*ER. L'omission de cet e muet, qui serait par elle même une faute grossière, en entraînerait encore une seconde, puisque la terminaison ainsi défigurée rentrerait dans le cas des règles III et VII, et qu'il faudrait ajouter une *s* ou un *t*.

Cet e muet est d'autant plus essentiel à connaître qu'il se conserve dans toutes les personnes du futur et du conditionnel sans devenir beaucoup plus sensible dans cette nouvelle position ; on écrit en effet *je pri*E*rai*, *tu jou*E*ras*, *il agré*E*ra*, *nous pri*E*rons*, *etc.*, c'est ce que l'on exprime par la règle suivante.

IX. Les terminaisons propres à chaque personne du futur et du conditionnel sont toujours précédées d'un e muet lorsque le verbe a son infinitif en ER.

D'un autre côté, comme on pourrait quelquefois être tenté d'ajouter cet e muet à certains verbes qui ne doivent pas l'avoir, il est essentiel de remarquer que :

X. Les terminaisons propres à chaque personne du futur et du conditionnel ne sont jamais précédées d'un e muet lorsque le verbe n'a pas son infinitif en ER.

En vertu de cette règle on écrira *je courrai*, *je voudrai*, *je mettrai*, et non pas *je courErai*, *je voudErai*, *je mettErai*, parce que l'infinitif de ces verbes, courir, vouloir, mettre, n'est pas terminé en ER.

EXCEPTION. *Cueillir*, et ses composés *accueillir*, *recueillir*, font *je cueillerai*, *j'accueillerai*, *je recueillerai*.

§ 2. *Des temps impersonnels.*

NOTA. Les notions données à la page 21 pourraient suffire à la rigueur pour distinguer les temps impersonnels, mais comme il est plusieurs de ces temps qui ont, soit entre eux, soit avec des temps personnels, une conformité de prononciation qui pourrait induire en erreur, je donne ici de nouveaux moyens de les reconnaître.

XI. Tout verbe qui est terminé par le son *an* est au participe présent, et s'écrit *ant*, sans jamais recevoir la marque du pluriel ni celle du féminin.

XII. Tout verbe qui est employé comme régime de l'un des auxiliares *avoir* et *être*, est au participe passé.

Exemple. *Je suis* VENU, *j'ai* CHANTÉ, *j'ai été* APPLAUDI. Les verbes *venu*, *chanté*, *applaudi* sont au participe passé, parce qu'ils sont respectivement les régimes des verbes *je suis*, *j'ai*, et *j'ai été*. En effet, on peut se demander *je suis* QUOI ? R. *venu* ; *j'ai* QUOI ? R. *chanté* ; *j'ai été* QUOI ? R. *applaudi* (1).

Les participes passé font souvent la fonction d'adjectif à l'égard d'un substantif qu'ils qualifient. Exemple : *voilà un ouvrage* ACHEVÉ. Dans ce cas ils deviennent de véritables adjectifs, et comme tels, ils prennent la marque du féminin et celle du pluriel, lorsqu'ensuite le participe est réellement un verbe, c'est-à-dire lorsqu'il est ac-

---

(1) On pourrait objecter que dans les temps composés le participe passé n'est pas rigoureusement le régime de son auxiliaire ; en effet, ce dernier, quand on le considère isolément, perd sa qualité d'auxiliaire pour devenir verbe : alors *avoir* signifie *posséder*, *être* signifie *exister*. Quand donc dans cette phrase, *j'ai chanté*, on se demande, *j'ai* QUOI ? c'est comme si l'on disait, *je possède* QUOI ? et la réponse à cette question n'est pas le participe *chanté* ; mais rien n'empêche de conserver tacitement à l'auxiliaire, la signification qu'il a dans la phrase ; alors la réponse est toute naturelle, et elle fait parfaitement reconnaître le participe.

compagné d'un des auxiliaires *avoir* ou *être*, tantôt il s'accorde avec un substantif de la phrase, tantôt il reste invariable, quelque soit le genre et le nombre de ce même substantif; il est donc indispensable, pour écrire un participe, de connaître deux choses, d'abord comment il s'écrit au singulier masculin, et ensuite s'il doit varier ou non; quant à l'appréciation de cette dernière circonstance, elle exige un grand nombre de considérations; elle fera l'objet d'un traité particulier. Il ne reste donc pour le moment qu'à indiquer comment on trouve la finale d'un participe masculin singulier; pour cela il suffit de le joindre comme adjectif à quelque substantif féminin; s'il doit se terminer par quelque lettre muette, elle deviendra sensible par l'adjonction de l'e muet; ainsi le participe *faiT* finit par un T, parce qu'on dit au féminin une *chose faiTE*; *pris* finit par une *s*, parce qu'on dit une *chose prise*; quant aux participes *reçu*, *accepté*, *fourni*, etc., ils ne prennent aucune lettre muette, parce qu'ils font au féminin, *une chose reçue*, *acceptée*, *fournie*.

Les verbes *avoir* et *être*, qui regissent le participe, sont presque toujours exprimés dans la phrase; cependant il arrive quelquefois qu'ils sont sous-entendus. Par exemple, quand on dit: *il s'est trouvé perdu*, *on l'a vu endormi*, cela signifie, *il s'est trouvé* ÊTRE *perdu*, *on l'a vu pendant qu'il* ÉTAIT *endormi*.

XIII. Tout verbe qui est employé comme sujet d'un verbe quelconque, ou comme régime d'un verbe autre que avoir et être, ou bien enfin comme régime d'une des prépositions *a*, *de*, *pour*, *par*, *sans*, est à l'infinitif.

Exemple. MENTIR *est un vice;* SOULAGER *les malheureux porte bonheur; il faut* CHANTER, *il est temps de* PARTIR, etc.

L'orthographe des infinitifs peut s'apprendre par l'usage, comme celle des substantifs, puisqu'on trouve dans le dictionnaire la manière de les écrire : je vais cependant entrer dans quelques détails propres à faciliter l'étude de leurs finales.

L'infinitif est toujours terminé par R ou RE; la difficulté ne consiste que dans le choix de l'une de ces deux finales.

1° Lorsqu'il est terminé par le son é, on l'écrit ER, *chanter*, *sauter*, *parler*, etc.

2° Lorsqu'il est terminé par le son IR, on n'ajoute pas d'e muet à la fin; *sentir*, *dormir*, *vêtir*. Il faut en excepter les verbes *dire*, *lire*, *frire*, *rire*, *confire*, *suffire occire*, *circoncire*, et leurs composés ainsi que tout les verbes terminés en *crire* et en *uire*, comme *écire*, *traduire*, etc.

3° Le son oir ne prend pas non plus d'e muet; *voir*, *falloir*, *appercevoir*, etc., il n'y a d'exceptions que pour *boire* et *croire*.

4° Enfin, tout verbe à l'infinitif qui n'est pas terminé par un des sons *é*, *ir*, *oir*, prend constamment un *e*, qui d'ailleurs est fort sensible: *rendre*, *prendre*, *battre*, *résoudre*, etc.

§. 3. *De quelques variations de la racine.*

De sa nature, la racine des verbes ne doit jamais changer; mais la variété des terminaisons qui lui sont successivement ajoutées, amène quelquefois en contact des syllabes dont la jonction serait défectueuse. Pour remédier à cet inconvénient, on modifie les dernières lettres de la racine. Au reste ces modifications, qui sont très légères, ne se présentent que dans trois cas faciles à reconnaître.

D'après les règles de la lecture, le *c* et le *g* se prononcent de deux manières différentes, suivant qu'ils sont suivis des voyelles *e*, *i* ou bien de celles *a*, *o*, *u*; dans la formation des temps, il arrive quelquefois que ces consonnes sont successivement suivies de diverses voyelles; pour éviter dans ce cas un changement de prononciation qui altérerait la nature du verbe, on fait usage de la règle suivante :

XIV. Dans les verbes dont la racine finit par un *c* où par un *g*, toutes les fois que la terminaison amène à la suite de ces consonnes une des voyelles *a*, *o*, *u*, on met une cédille sous le *c*, ou bien un *e* muet à la suite du *g*.

Ex. Menaç*er*, mang*er*, font je menaç*ais*, je mang*eais*.

XV. Lorsque la racine finit par un *e* suivi d'une seule consonne, et que la terminaison amène un *e* muet à la suite, si la consonne qui se trouve alors entre les deux *e* est une *l* ou un *t*, on la double; si elle est autre que *l* ou *t*, on met un accent grave sur le premier *e*.

Ainsi les verbes *appeler*, *jeter*, *cacheter*, *mener*, *opérer*, font *j'appelle*, *je jette*, *je cachetterai*, *je mène*, *j'opèrerai*.

Observation. Cette règle tient à un principe général de la langue française, qui défend de placer de suite deux *e* muets dans l'intérieur ou vers la fin d'un même mot; on rend le premier *e* plus ou moins grave, soit au moyen de l'accent, soit en doublant la consonne intermédiaire.

XVI. Toutes les fois que la voyelle *y* doit être suivie d'un *e* muet, on la remplace par un *i* simple.

Exemple. Emplo*y*er, j'emplo*i*e jemplo*i*erai.

Exemple d'analyse des verbes *dans lequel toutes les règles de cet ouvrage sont suocessivement appliquées.*

En *rentrant* chez moi, je *trouvai* plusieurs de mes amis qui m'*attendaient*; nous *avions formé* depuis long-temps le projet d'*aller visiter* un homme célèbre, chez qui je *devais* les *introduire*. Nous ne *tardâmes* pas à nous *mettre* en route; *arrivés* à notre destination, nous ne *trouvâmes* qu'une servante qui nous *dit* : vous *tombez* fort mal, messieurs, mon maître *vient* de *sortir*; il ne *rentrera* que sur les trois heures. Comme le temps *menaçait*, que nous *craignions* un orage, nous nous *remîmes* immédiatement en route; chemin *faisant*, mes amis me *disaient* : il ne faut pas que tu te *croies libéré* de ta promesse, en vain tu *l'espèrerais*, il *faudra*, bon gré malgré, que tu nous *introduise*, une seconde fois.

Rentr*ant*. Verbe rentr*er*, terminé par *an*, au participe présent (règle XI), finale *ant*.

Trouv*ai*. V. trouv*er*, sujet *je*, finale *ai* sans *s* (I, III).

Attend*aient*. V. attend*re*, sujet *amis*, finale *aient* (II, VIII).

Avi*ons*. V. avoir, sujet *nous*, finale *s* (IV).

Form*é*. V. form*er*, régime de avions, au participe passé (XII), finale *é* parce qu'on dit : *une chose formée*.

All*er*. V. all*er*, régime de *de*, à l'infinitif (XIII), finale *er* pour le son *é*.

Visit*er*. V. visit*er*, régime de *aller*, à l'infinitif, (XIII), finale *er* pour le son *é*.

Dev*ais*. V. dev*oir*, sujet *je*, finale *ais* (II, III).

Introd*uire*. V. introd*uire*; régime de *devais*, à l'infinitif (XIII), finale en *uire*.

Tardâmes. V. tard*er*, sujet *nous*, finale *s* (IV).

Mett*re*. V. mett*re*, régime de *à*, à l'infinitif (XIII), finale *re*.

Arriv*és*. V. arriv*er*, mis pour *étant arrivés*, régime de *étant*; au participe passé (XII), la finale est *é* parce que l'on dit : *une personne arrivée*; l'*s* qui est ajoutée, est mise pour le pluriel.

Trouvâmes. V. trouv*er*, sujet *nous*, finale *s* (IV).

Di*t*. V. di*re*, sujet *servante*, finale *t* (VII).

Tomb*ez*. V. tomb*er*, sujet *vous*, finale *ez* (VI).

Vien*t*. V. ven*ir*, sujet *maître*, finale *t* (VII).

Sort*ir*. V. sort*ir*, régime de *de*, à l'infinitif (XIII), finale *ir*.

Rentrer*a*. V. rentr*er*, sujet *maître*, finale *a* (VII).

Mena*çait*. V. menac*er*, sujet *temps*, finale *ait* (II, VII). La cédille est ajoutée pour adoucir le *c* devant *a* (XIV).

Craigni*ons*. V. craind*re*, sujet *nous*, finale *s* (IV).

Remîm*es*. V. remett*re*, sujet *nous*, finale *s* (IV).

Fais*ant*. V. fai*re*, terminé en *an*, au participe présent (XI), finale *ant*.

Dis*aient*. V. di*re*, sujet *amis*, finale *aient* (II, VIII).

Croi*es*. V. croi*re*, sujet *tu*, finale *s* (V). L'*i* a été substitué à l'*y* que l'on retrouve dans croi*y*ant, à cause de l'e muet qui est à la suite (XVI).

Libér*é*. V. libér*er*, pour *être libéré*, régime de *être*, au participe passé (XII), finale *é* parce que l'on dit : *une personne libérée*.

Espérer*ais*. V. espér*er*, sujet *tu*, finale *ais* (II, V). La terminaison *rais* est précédée d'un e muet (IX); le dernier e de la racine est surmonté d'un accent grave (XV).

Faud*ra*. V. fall*oir*, sujet *il*, finale *a* (VII). Il ne faut pas d'e muet entre le d et l'r (X).

Introduis*es*. V. introdui*re*, sujet *tu*, finale *s* (V).

FIN.

PARIS — IMPRIMERIE DE POUSSIN,
Rue de la Tabletterie, n° 9.

ERRATA.

Page 10, ligne 3. *Au lieu de*, subtantif; lisez substantif.

Page 26, ligne pénultième. *Au lieu de*, et par *nt* pour tout autre son; *lisez*, et par *ent*, etc.

Page 31, ligne 23. *Au lieu de, ctrconcire* et leurs composés, etc., *lisez, circoncire*, et leurs composés, ainsi que tous les verbes terminés en *crire* et en *uire*, comme *écrire, traduire*, etc.

Page 34, ligne 12. Au lieu de, *introduise*; lisez *introduises*.

PARIS. — IMPRIMERIE DE POUSSIN,

RUE DE LA TABLETTERIE, N° 9.

www.ingramcontent.com/pod-product-compliance
Lightning Source LLC
LaVergne TN
LVHW020257230826
846091LV00006B/2465

9782013258012